Die Deutsche Bibliothek –
CIP-Einheitsaufnahme
Ein Titeldatensatz für diese
Publikation ist bei
Der Deutschen Bibliothek
erhältlich.

Einbandgestaltung:
init. Büro für Gestaltung,
Bielefeld

Titelfotos: Tony Stone, München

Innengestaltung:
BrendowCreativ, Moers

ISBN 3-87067-891-7

C. S. Lewis

Hoffnung ist kein Märchen

Herausgegeben
von Norbert Schnabel

collection | Brendow

The Eagle and Child
50
St. Giles
ESTATE
AGENTS

Einstimmung

Vor über vierzig Jahren saß ein Mann zwischen den Bücherwänden seines Arbeitszimmers im Magdalen College in Oxford, wo er Dozent war, und schrieb. Seine Gedanken gingen zurück zu den Tagen, wo er noch ein kleiner Junge war. Vergessen waren seine vielen Studenten, für die er so etwas wie eine Legende geworden war, vergessen auch die Probleme zu Hause und seine wissenschaftliche Arbeit. Sein Federhalter glitt rasch über das Papier, vor sein inneres Auge trat eine Szene nach der anderen aus seiner alten Heimat in Irland, wo er und sein Bruder sich eine wunderbare Phantasiewelt ausgedacht hatten, nur für sich selber.

Der Mann war dabei, ein Kinderbuch zu schreiben: Das Wunder von Narnia.
Es erzählt die ersten Abenteuer der Kinder, die das Königreich Narnia entdecken. Insgesamt sieben Bücher über dieses geheimnisvolle Land sollte es geben – Bücher, die nicht nur viele Abenteuer erzählen, sondern, wichtiger noch, viele wunderbare und wahre und schöne Wahrheiten, die alle von dem großen, ewigen Kampf zwischen Gut und Böse handeln. Dies ist es, was diese Bücher so unvergesslich gemacht hat.

Der Mann war aber nicht nur ein brillanter Autor und Erzähler, sondern auch ein Verteidiger des christlichen Glaubens, zu dem er sich als über Dreißigjähriger nicht ohne Schwierigkeiten bekehrt hatte. Er hatte eine seltene Gabe, diesen Glauben dem Mann von der Straße, der nicht immer viel las, zu erklären. Unter seiner Feder wurde der Glaube etwas Lebendiges, Freudiges, nie aber Langweiliges. Man lud ihn zu Vorträgen in Hörsäle und Radiostudios ein, und wo er auch hinging und was er auch schrieb, brachte er die Menschen zum Denken. Manchmal machte er sie unruhig, immer aber neugierig, sodass sie oft nicht mehr dieselben waren.

Sein Name war Clive Staple Lewis.

Gott hat uns, rein durch die Beschaffenheit dieser Welt, das stabile Glück und die beständige Sicherheit, die wir alle wünschen, vorenthalten, aber Freude, Vergnügen und Fröhlichkeit hat er breiten Wurfs ausgesät. Wir sind niemals sicher – und doch haben wir Spaß die Menge, und auch Entzücken ist nicht selten. Das Warum ist unschwer zu erkennen. Die Sicherheit, nach der wir uns sehnen, würde uns dazu verleiten, unser Herz in dieser Welt ausruhen zu lassen, sie würde ein Hindernis sein für unsere Rückkehr zu Gott. Die wenigen Augenblicke des Liebesglücks, eine Landschaft, eine Symphonie, ein fröhliches Zusammensein mit unseren Freunden, ein Bad im Freien oder ein Fußballspiel haben nicht diese Tendenz.

Unser Vater erfreut uns mit manch angenehmem Gasthaus, aber er will uns nicht ermutigen, es fälschlich für unser Zuhause zu halten.

Werden nicht alle Freundschaften in dem Augenblick geboren, in welchem man endlich einem anderen menschlichen Wesen begegnet, das eine selbst im besten Fall nur schwache und undeutliche Ahnung von jenem Etwas hat, wonach zu verlangen man selber geboren ist und wonach man, tief unter der Flut anderer Begierden und in jedem Augenblick des Schweigens zwischen den lärmenderen Leidenschaften, Tag für Tag, Jahr für Jahr, von der Kindheit bis zum Alter Ausschau hält, worauf man wartet und wonach man lauscht?

Was Aslans anderen Namen angeht, nun, ich möchte, dass du ihn errätst. Hat es in dieser Welt niemals jemanden gegeben, der

1. zur gleichen Zeit kam wie der Weihnachtsmann;
2. sagte, er sei der Sohn des Großen Herrschers;
3. sich für den Fehler eines anderen von bösen Leuten erniedrigen und töten ließ;
4. ins Leben zurückkehrte;
5. manchmal als Lamm bezeichnet wird? Kennst du wirklich nicht seinen Namen in dieser Welt?

Der zutreffendste und schrecklichste Anspruch, der für moderne Fortbewegungsmittel erhoben wird, ist, dass sie Entfernung zunichte machen! Das tun sie. Sie machen eine der herrlichsten Gaben zunichte, die uns geschenkt wurde. Sie sind eine üble Inflation, die der Entfernung den Wert raubt, sodass ein moderner Junge hundert Meilen weit reisen kann, ohne auch nur annähernd ein solches Gefühl der Befreiung, der Pilgerschaft und des Abenteuers dabei zu empfinden, wie sein Großvater es verspürte, wenn er zehn Meilen weit ging.

Solange man auf seine Schritte achten, sie zählen muss, tanzt man noch nicht; man lernt erst tanzen. Gut sitzt ein Schuh, den man nicht spürt. Richtiges Lesen ist erst möglich, wenn man sich nicht bewusst mit den Augen, dem Licht, dem Druck oder der Rechtschreibung zu befassen braucht. Der vollkommene kirchliche Gottesdienst wäre der, den man kaum noch wahrnähme: unsere Aufmerksamkeit hätte dann Gott gegolten.

Ich glaube, wir loben darum so gern, was uns Freude macht, weil das Lob unsere Freude nicht nur zum Ausdruck bringt, sondern sie mehrt, sie zu ihrer gottgewollten Erfüllung bringt. Nicht aus Höflichkeit sagen Liebende einander immer wieder, wie schön sie seien; das Entzücken ist so lange unvollständig, als es nicht ausgedrückt ist. Es ist zum Verzweifeln, wenn man einen neuen Schriftsteller entdeckt hat und niemandem sagen kann, wie gut er ist; wenn man bei einer Straßenkehre plötzlich auf ein Bergtal stößt und nichts sagen darf, weil es die Reisegefährten so kalt lässt wie eine Konservenbüchse im Straßengraben.

Sie kamen über warme, von der Sonne beschienene Stellen, in grünes, kühlendes Dickicht, traten auf weite Moosflächen, wo schlanke Ulmen das blätterreiche Dach über ihren Köpfen ausbreiteten, und dann mitten hinein in dichte, blühende Johannisbeersträucher; an Schlehdornhecken entlang, deren süßer Duft sie fast überwältigte. Sie waren genauso überrascht wie Edmund, dass der Winter verschwunden war und der Wald sich in wenigen Stunden derart verwandelt hatte. Aus Januar war Mai geworden.

Stell dir einfach vor, du seist ein Samenkorn, das geduldig in der Erde wartet; du wartest, um zu des Gärtners Zeit als Blume in der wirklichen Welt aufzugehen. Das wird ein richtiges Aufwachen sein. Ich glaube, unser ganzes gegenwärtiges Leben wird uns, wenn wir einmal von dort zurückschauen, nur wie ein halbwacher Dämmerzustand vorkommen. Wir leben hier im Land der Träume. Aber der Hahnenschrei rückt näher. Er ist schon wieder ein Stück näher gekommen, seit ich diesen Brief begann.

Zu entschuldigen, was wirklich gute Entschuldigungen vorbringen kann, ist nicht christliche Liebe; es ist nur recht und billig.

Ein Christ sein heißt, das Unentschuldbare vergeben, weil Gott das Unentschuldbare in uns vergeben hat.

Vergebung muss, wenn sie wirksam sein soll, nicht allein gewährt, sondern auch empfangen werden – und ein Mensch, der nicht zugibt, schuldig zu sein, kann keine Vergebung empfangen.

Es gibt nur einen Ort außer dem Himmel, wo wir vor allen Gefahren und Wirrungen der Liebe vollkommen sicher sind: die Hölle.

Der sicherste Weg zur Hölle ist der allmähliche – der sanfte Abhang, weich unter den Sohlen, ohne plötzliche Kurven, ohne Meilensteine, ohne Wegweiser.

Ich habe mich schon oft gefragt, ob die ungeheuren astronomischen Entfernungen nicht eine Quarantäne-Maßnahme Gottes darstellen. Sie verhindern die Ausbreitung der geistigen Ansteckung durch ein gefallenes Geschlecht.

Weißt du, ich glaube, das Alter spielt gar keine so große Rolle, wie die Leute denken. Manche Teile von mir sind immer noch zwölf, und ich glaube, manche anderen Teile waren schon fünfzig, als ich zwölf war.

An einem Samstagnachmittag im Winter, wenn Nase und Finger klamm genug waren, um der Aussicht auf Tee und Kaminfeuer zusätzlichen Reiz zu verleihen, und das ganze Wochenende Zeit zum Lesen vor mir lag, war ich wohl so glücklich, wie man es auf der Erde nur sein kann. Und das besonders, wenn ein neues, lang ersehntes Buch auf mich wartete.

Gute Kritiker finden auch an manchen unvollkommenen Werken etwas zu loben; die schlechten kürzen immerzu die Liste der Bücher, die man allenfalls lesen dürfe. Der gesunde und ungezwungene Mensch, mag er auch im Luxus aufgewachsen und in den guten Küchen vieler Länder erfahren sein, kann eine sehr bescheidene Mahlzeit loben; der Magenkranke und der Snob finden an allem etwas auszusetzen.

Hier ist noch kein Schnee gefallen, und es ist so warm, dass die törichten Schneeglöckchen und das Scharbockskraut emporschießen, als wäre es Frühling. Und die Eichhörnchen (wir haben Hunderte und Tausende davon rund um dieses College) sind gar nicht erst in den Winterschlaf gegangen. Ich ermahne sie immer wieder, dass sie es jetzt wirklich tun sollten, sonst werden sie im Juni fürchterlich müde sein und vor Gähnen die Mäuler nicht mehr zubekommen, aber sie hören nicht auf mich.

Nichts ist unrichtiger als die Vorstellung, Spott sei notwendigerweise feindselig. Liebende lachen stets übereinander – bis sie ein Kind haben, über das sie lachen können.

Zu unseren Füßen, geborgen inmitten einer gewaltigen Wirrnis von Gebirgszügen, lag leuchtend wie eine Gemme ein kleines Tal, das sich nach Süden öffnete. Diese Öffnung gewährte uns einen Blick in warm getönte, bläulich schimmernde Fluren, Hügel und Wälder, die sich vor unseren Augen weit hinaus erstreckten. Das Tal selbst wirkte wie ein Grübchen in dem nach Süden gewendeten Kinn des Berges. Obwohl hoch gelegen, schien das Jahr darin milder zu sein als unten in Glome. Nie zuvor hatte ich einen grüneren Rasen gesehen. Dort unten blühte der Stechginster und der wilde Wein, und in zahlreichen Gehölzen standen Bäume in Blüte. Eine Fülle von klarem Wasser ergoss sich in Bächen und Flüsschen über kleine Wasserfälle. Nachdem wir Umschau gehalten hatten, wo unser Reittier am leichtesten den Abhang bezwingen konnte, begannen wir den Abstieg, der uns mit jedem Schritt wärmere und süßere Lüfte entgegenbrachte.

Letzte Nacht hatten wir unseren ersten Frost – heute Morgen sind die Grasflächen alle grau, mit einem bleichen, hellen Sonnenschein darauf; traumhaft schön. Und irgendwie aufregend. Die ersten Anfänge des Winters versetzen mich immer in Aufregung; sie wecken die Abenteuerlust in mir.

Ich vermute, unser Herbst hat sanftere Farben als eurer, und er läuft viel langsamer ab. Die Bäume, besonders die Buchen, behalten ihre Blätter noch viele Wochen lang, nachdem sie begonnen haben, sich zu verfärben, und verwandeln sich von Gelb in Gold und von Gold in Flammenrot.

Wir schätzen es im Allgemeinen nicht, wenn uns Einschränkungen auferlegt werden. Aber eine Einschränkung sollte jeder von uns sich selbst auferlegen: Verzichte auf alles Nachdenken über die Fehler anderer Leute, es sei denn deine Pflichten als Lehrer oder als Vater oder Mutter erfordern es. Wenn immer solche Gedanken unnötigerweise in dir hochsteigen – warum stellst du sie nicht einfach ab und denkst statt dessen über deine eigenen Fehler nach? Denn an diesem Punkt kannst du, mit Gottes Hilfe, etwas ändern. Unter all den schwierigen Menschen bei dir zu Hause oder am Arbeitsplatz gibt es nur einen einzigen, den du wirklich ändern kannst. Bei dem musst du ansetzen.

Der Mensch kann keinen Augenblick der Zeit erschaffen oder festhalten; sie wird ihm samt und sonders als Geschenk zuteil; genauso gut könnte er die Sonne und den Mond als sein Hab und Gut betrachten.

Jeden Tag hatten wir die „grünen Hügel", wie wir sie nannten, vor Augen; die niedrige Linie der Castlereagh Hills, die wir vom Kinderzimmer aus sehen konnten. Sie waren nicht sehr weit weg, aber für Kinder waren sie völlig unerreichbar. Sie lehrten mich die Sehnsucht und machten mich, zum Wohl oder Wehe, bevor ich sechs Jahre alt war, zu einem andächtigen Verehrer der Blauen Blume.

Der Wind legte sich nicht, aber er wurde von Tag zu Tag sanfter, bis die Wellen schließlich fast verschwunden waren und das Wasser sich nur noch leicht kräuselte. Stunde um Stunde glitt das Schiff dahin, als segelten sie auf einem See. Und jede Nacht sahen sie, dass im Osten neue Sternbilder aufzogen, die keiner in Narnia je gesehen hatte und die, wie Lucy in einer Mischung aus Freude und Furcht dachte, vielleicht überhaupt noch kein menschliches Auge gesehen hatte.

Der Löwe schritt auf und ab und sang dabei sein neues Lied. Es war leiser und beschwingter als jenes, mit dem er Sterne und Sonne ins Leben gerufen hatte – sozusagen eine sanft dahinplätschernde Klangfolge. Während er singend umherschritt, begann im Tal das Gras zu grünen. Um den Löwen herum fing es an; dann breitete es sich ringsumher aus wie ein überquellender Teich; wie in Wogen wuchs es an den Hängen empor, es kroch auf die Berge in der Ferne und legte etwas Sanftes über diese junge Welt.

Ein bloßer Mensch, der solche Dinge sagen würde, wie Jesus sie gesagt hat, wäre kein großer Morallehrer. Er wäre entweder ein Irrer – oder der Satan in Person. Wir müssen uns deshalb entscheiden: Entweder war – und ist – dieser Mensch Gottes Sohn, oder er war ein Narr oder Schlimmeres. Wir können ihn als Geisteskranken einsperren, wir können ihn verachten oder als Dämon töten. Oder wir können ihm zu Füßen fallen und ihn Herr und Gott nennen. Aber wir können ihn nicht mit gönnerhafter Herablassung als einen großen Lehrer der Menschheit bezeichnen. Das war nie seine Absicht; diese Möglichkeit hat er uns nicht offengelassen.

Mir ist aufgefallen, dass uns Gebete für andere leichter fallen als solche in eigener Sache. Und es wäre schön, deine Ansicht zu übernehmen (die da lautet): Dies zeige eben, dass wir zu einem Leben aus der Liebe geschaffen seien. Leider entdecke ich aber einen weit weniger anziehenden Grund dafür, dass mir mein Fürbittegebet so leicht von der Seele geht. Vermutlich bete ich dann für andere, wenn ich etwas für sie tun sollte. Es ist so viel leichter, für einen Langweiler zu beten, als ihn zu besuchen.

Das Gebet im Sinne einer Bitte um etwas bildet nur einen kleinen Teil des Gebetes überhaupt; Bekenntnis und Buße sind seine Schwelle, Anbetung sein Heiligtum, Gegenwart, Schau und Genuss Gottes sein Brot und Wein. In ihm zeigt sich uns Gott. Dass er Gebete erhört, ist eine Folge – und nicht unbedingt die wichtigste – dieser Offenbarung. Was er tut, erfährt man aus dem, was er ist.

Vielen Leuten fällt es schwer, sich immer so zu fühlen, als ob man an ein Leben nach dem Tode glaubte; aber andererseits ist es genauso schwer, sich immer so zu fühlen, als ob man glaubte, dass es nach dem Tode nichts weiter gibt. Ich weiß das, weil ich es früher, bevor ich Christ wurde, versucht habe.

Hier endet für uns diese Geschichte. Wir können nur noch sagen, dass sie alle weiterhin glücklich lebten in Narnia. Für sie in Narnia aber war es nur der Anfang der wahren Geschichte. Ihr ganzes Leben in dieser irdischen Welt und alle ihre Abenteuer in Narnia waren nur der Umschlag und das Titelblatt gewesen. Nun erst begannen sie das erste Kapitel der großen Geschichte, die noch keiner auf Erden gelesen hat, der Geschichte, die ewig weitergeht und in der jedes Kapitel besser ist als das vorangegangene.

Textnachweis

Die Zitate in diesem Buch sind den folgenden Werken von C.S. Lewis entnommen:

S. 7, S. 8, S. 20 u. aus: Über den Schmerz, © 1978 Kösel-Verlag, München
(lieferbar als Taschenbuch im Brunnen Verlag, Gießen)
S. 11, S. 24 u., S. 28 o., S. 32, S. 47 u. aus: Briefe aus Narnia,
© 1996 Brendow Verlag, Moers
S. 12 o., S. 27 o., S. 36 u. aus: Überrascht von Freude,
© 1968 R. Brockhaus Verlag, Wuppertal
S. 12 u., S. 44 o. aus: Du fragst mich, wie ich bete. Briefe an Malcolm.
Aufgrund der Übertragung von A. Kuoni neu gestaltet von C. Capol.
Johannes Verlag Einsiedeln, Freiburg ⁴1996
S. 15, S. 27 u. aus: Das Gespräch mit Gott,
© 1992 Patmos Verlag GmbH & Co. KG; Benziger Verlag, Düsseldorf und Zürich
S. 16 aus: Der König von Narnia, © 1992 Brendow Verlag, Moers
S. 19 aus einem Brief von C.S. Lewis
S. 20 o. aus: Was der Laie blökt. Essays über das Christentum.
Übertragen von Martha Gisi. Johannes Verlag Einsiedeln, Freiburg, ⁴1996, S. 129
S. 23 o., S. 28 u. aus: Was man Liebe nennt, © 1979 Brunnen Verlag Basel
S. 23 u., S. 36 o. aus: Dienstanweisung für einen Unterteufel,
© 1995 Brendow Verlag, Moers
S. 24 o., S. 44 u. aus: Die letzte Nacht der Welt, © 1995 Brunnen Verlag, Gießen
S. 31 aus: Du selbst bist die Antwort, © 1997 Brendow Verlag, Moers
S. 35 aus: Gott auf der Anklagebank , © 1981 Brunnen Verlag Basel
S. 39 aus: Die Reise auf der „Morgenröte", © 1994 Brendow Verlag, Moers
S. 40 aus: Das Wunder von Narnia, © 1992 Brendow Verlag, Moers
S. 43 aus: Pardon, ich bin Christ, © 1977 Brunnen Verlag Basel
S. 47 u. aus: Der letzte Kampf, © 1995 Brendow Verlag, Moers
S. 5 aus: Anne Arnott, Das geheimnisvolle Land des C. S. Lewis,
© 1998 Brendow Verlag, Moers

Wir danken den Verlagen für ihre Abdruckgenehmigung.

Bildnachweis

Waltraud Klammet/Europa-Farbbildarchiv: S. 1, S. 6 bis 46
Bildagentur Schapowalow: S. 3 (Magdalen College)
Hans Steinacker: S. 3 (Lewis' Cottage „The Kilns"/ Pub „The Eagle and Child")